# Inhalt

6
**Unsere Geschichte** - Warum wir uns entschlossen haben ein (Koch-)Buch zu schreiben

11
**Die sind geboren für das** - Was wichtig ist zu wissen

17
**Die Durchstarter** - Womit wir begonnen haben

**Rezepte** - ein Auszug aus Junikas Lieblingsrezepten

18
Hauptgerichte

74
Zwischendurch & unterwegs

94
Festliche Anlässe & Desserts

106
Inhaltsverzeichnis

# Vorwort von Eva Maximiuk

## Dipl. Kinderkrankenschwester, Still- und Laktationsberaterin IBCLC

„Am Anfang der Ernährung eines Babys steht das Stillen.

Jede Mutter erlernt es individuell mit ihrem Baby, eine gute Begleitung durch eine Stillberaterin ist dabei sehr hilfreich. Sind die Anfangsschwierigkeiten einmal bewältigt, wird das Stillen zur Routine. Es folgt eine ruhige Zeit, in der das Baby nach Bedarf gestillt wird und die Muttermilch immer in der richtigen Zusammensetzung und ausreichenden Menge vorhanden ist. Auch Frauen, die nach ausführlicher Beratung die Flaschenfütterung für ihr Kind als optimale Ernährungsform gefunden haben, erleben, dass das Leben mit dem Baby allmählich zum Alltag wird.

Doch bald kommt der nächste Meilenstein in Babys erstem Jahr: Der Beikostbeginn! Wie der Name schon sagt handelt es sich um Beikost, also Essen das zur bereits etablierten Kost (Stillen oder Flaschennahrung) dazu kommt. Die Kinder sollen langsam schrittweise an das Familienessen herangeführt werden. Dies erfordert viel Geduld und Gelassenheit, damit die Kinder die Freude am Essen und der Geschmacksvielfalt erleben können.

Dieser Erfahrungsbericht ist ein schönes Beispiel dafür wie das Abenteuer „Beikost“ trotz aller Zweifel, Fragen und verschiedenen Empfehlungen gelingen kann.“

**Eva Maximiuk**

# Vorwort von Dr. Martin David

## Arzt für Allgemeinmedizin, Facharzt für Kinderheilkunde

Ein schön gestaltetes Buch mit vielen leckeren Rezepten für Klein und Groß. Erfreuliche Anregung zum Selbermachen, Frischzubereiten und Verwenden biologischer Lebensmittel. Die Rezepte lesen sich wie ein Gourmetkochbuch. Man sagt ja, dass viele Wege nach Rom führen. Es ist sicherlich den Versuch wert, die Kleinen in der Ernährung vom Flüssigen direkt zum Festen zu führen. Wichtig ist jedoch immer, die Kinder dort abzuholen, wo sie vonseiten ihrer individuellen Entwicklung stehen. Man sollte einfach wahrnehmen, wann es für die Kleinen „so weit ist" und ihnen bei Bedarf auch das „Flascherl" oder den „Brei" lassen, wenn die Zeit noch nicht reif ist. Start zunächst mit gedünstetem Gemüse und Obst ist sinnvoll. Erst wenn sie älter und erfahrene Esser sind, würde ich die Speisen backen und abbraten.

Auch rate ich zur besonderer Achtsamkeit bei der Gabe von histaminreichen Lebensmitteln wie Garnelen und Fisch. Hier sollte zu möglichst fangfrisch und stets Bio-Qualität gegriffen werden. Der Schwerpunkt sollte sicherlich bei heimischen, saisonalen Lebensmitteln liegen.

Lassen Sie sich durch dieses Buch zum selber Kochen und ausprobieren anregen, und ergänzen Sie die Getreiderezepte auch mit unüblicheren Sorten wie Gerste, Hafer, Kamut, Grünkern, usw. .

**Dr. Martin David**

# Unsere Geschichte

## Warum wir uns entschlossen haben ein (Koch-)Buch zu schreiben

### Wir sind keine Starköchinnen oder Ernährungsexpertinnen. Keine Wissenschafterinnen oder Ärztinnen.

Wir sind zwei Mütter. Und zwei Freundinnen.
Eine Marketerin und eine Personalistin.
Eine Food-Bloggerin und eine gelernte Köchin.

Und weil wir dies auch an unsere Kinder weitergeben wollten, haben wir uns bereits in der Schwangerschaft viel mit Ernährung für Babys und Kleinkinder auseinandergesetzt. Vieles hat sich getan, seit wir selbst klein waren oder - zumindest eine von uns - schon mal Mama wurde. Im Dschungel der Ernährungsempfehlung" in unseren Familien zu schaffen, auch wenn unsere Kids noch sehr klein sind. Denn genau das sehen wir als Chance, ihnen diese bunte Welt zu eröffnen und sie als einen selbstverständlichen Teil in unser tägliches Leben zu integrieren. Wir wollen den ureigenen Forscherdrang fördern und die Chance bieten, möglichst unvoreingenommen an neue Lebensmittel heranzugehen.
Wir wollten ein Experiment wagen, das - soweit wir das heute, fast ein Jahr später, absehen können - gelungen ist. Soviel sei schon verraten. Unsere Kinder sind neugierig auf alles, was ihnen der Familientisch bietet. Auch, wenn sie phasenweise mal gerne das eine oder andere, was davor ein absoluter Renner war, plötzlich ablehnen. Auch das gestehen wir ihnen zu, denn das ist, bei uns zumindest, auch nicht anders.

## Ein Weg ist kein Weg ist mein Weg. Viele Wege führen zum Ziel.

Wir können an dieser Stelle nur Mut machen neben dem Fachwissen, das man sich unbestritten aneignen sollte, auch auf die eigene Intuition zu vertrauen und (selbst)bewusst zu sein. Das hilft vor allem bei ratschlagenden Müttern, besserwissenden Freunden oder ungefragten Unbeteiligten, die sich plötzlich dazu berufen fühlen, als Experten aufzutreten. Auch wenn die meisten Ratschläge bestimmt gut gemeint sind, wollen wir jede Mama und jeden Papa bestärken, ihren oder seinen eigenen Weg zu gehen.

Besonders wichtig ist es beispielsweise für uns, unseren Kindern die Freude am Entdecken, am Experimentieren, am Essen als Teil des Lebens zu vermitteln. Dabei sind wir überzeugt, dass ein großer Teil von uns selbst abhängt. Wir also als Vorbilder fungieren müssen. Das bedeutet, dass Essen bei uns frisch zubereitet wird. Dass wir wissen woher die Nahrungsmittel kommen und wir uns bemühen möglichst regional und saisonal einzukaufen. Wenn möglich in Bio-Qualität.

## Eine für alle. Alle für eine. Die Familienmahlzeit.

Täglich frisch zu kochen, ist schon ganz schön herausfordernd. Für alle in der Familie extra zu kochen, würde unseren Tagesplan völlig sprengen. Unmöglich. Dessen waren wir uns von Anfang an gewahr. Aber wir wollten einen Weg finden, der uns als Familie zusammenwachsen lässt. Nicht im übertragenen, sondern im tatsächlichen Sinn. Fixe Zeiten, zu denen die Familie gemeinsam is(s)t. Also musste ein Konzeptansatz her, der all das vereint. Nach monatelanger Recherche, dem Ausprobieren verschiedener Ideen und Ansätze, haben wir dieses Konzept von „eine Mahlzeit für alle“ für unsere Familien perfektioniert.

Unsere Kinder essen seit ihrem 7. Lebensmonat mit uns am Tisch. Ganz normal. Sind aufgeschlossen und geschickt. Haben die Lebensmittel so kennengelernt, wie sie sind. Haptisch, farblich und geschmacklich völlig unterschiedlich. Eine Abenteuer-Reise, die jeden Tag aus Neue beginnt.

## Und wer oder was bitte ist „Junika"?

Keines unserer Kinder heißt übrigens Junika. Und Junika bedeutet eigentlich auch gar nichts. Und irgendwie alles. Junika ist die Mischung aus „Annika" und „Juni" - den beiden Namen unserer Töchter, die uns zu diesem Projekt inspiriert haben. Und uns jeden Tag darin bestätigen, dass es sich auszahlt.

Entstanden ist der Ausdruck „Junika" durch einen freudschen Versprecher von Manu, die eigentlich ihre Tochter Juni rufen wollte und dabei Annika im Blick hatte. „Junika!" war geboren und sollte der Arbeitstitel unseres Buch-Projektes werden. Im Laufe der Zeit haben wir uns so daran gewöhnt, dass wir uns gar nicht mehr vorstellen konnten, einen anderen Titel zu finden.

Und es soll helfen, unseren Erfahrungsschatz auf einen gemeinsamen Nenner zu bringen. Im Buch finden sich daher immer wieder Tipps und Berichte, die von „Junikas" erstem Jahr und unseren Beobachtungen erzählen.

# Die sind geboren für das

## Was wichtig ist, zu wissen

**Babys brauchen Brei.**
**Babys können nicht selbst essen.**
**Babys vertragen viele Lebensmittel nicht.**

Ja, wir haben viele solche und ähnliche Aussagen bei unseren Recherchen gefunden. So wirklich nachvollziehbar war es für uns nicht, aber wir wussten auch nicht so genau warum unser Bauch da etwas anderes sagte. Bis wir auf das englische Konzept „Baby led weaning" gestoßen sind.

Baby led weaning – kurz blw – bedeutet so viel wie „babygeführtes Entwöhnen".
Die Grundidee dahinter: Das Baby bestimmt den Zeitpunkt des Abstillens bzw. die Entwöhnung von der Flasche, nicht die Mutter. Und die Kinder ab Beikostreife direkt an die Lebensmittel und das Essen am Familientisch heranzuführen. Das impliziert, seinem Kind sehr früh ein hohes Maß an Selbstbestimmung zuzugestehen. Selbstständig und selbstbestimmt eben. Diese Vorstellung fanden wir toll und inspirierend.

An der Stelle möchten wir allen Eltern, die sich für das blw-Konzept interessieren das „Baby-led-weaning Grundlagenbuch": Der stressfreie Beikostweg" von Gill Rapley und Tracy Murkett ans Herz legen. Dort werden von A bis Z alle wichtigen Fragen zum Thema breifreie Beikost beantwortet. Und zwar viel besser, als wir es je könnten.

Da wir uns zwar nicht für einen reinen blw-Weg entschieden haben, aber unsere Kinder doch überwiegend breifrei ernähren, liegen uns ein paar „Regeln", an denen man nicht vorbei kommt, sehr am Herzen.

## Die goldenen Regeln der breifreien Beikost

Die wichtigste Voraussetzung vorab: Das Kind muss die Beikostreife erreicht haben. Im Grunde versteht man darunter jenes Entwicklungsstadium, in dem das Baby bereits sitzen kann. Zumindest mit Unterstützung am Schoß oder schon selbst im Hochstuhl. Außerdem muss es selbstständig nach Nahrung greifen können und diese zum Mund führen. Weitere Merkmale sind die Kaubewegungen sowie der nachlassende Zungenreflex – jener Schutzmechanismus, der Babys davor bewahrt, Dinge zu verschlucken. Da jedes Kind einzigartig ist, kann man auch keinen konkreten Zeitpunkt bestimmen, an dem ein Kind die Beikostreife erreicht. Manche sind schneller, andere lassen sich Zeit. Bei den meisten Babys geht es ab dem vollendeten sechsten Lebensmonat los. Vorher sollte man aus unserer Sicht (und auch aus Sicht von blw) auf das Anbieten von fester Beikost verzichten, da sonst die Gefahr des Verschluckens viel zu hoch bzw. auch Babys Verdauungsapparat möglicherweise noch nicht bereit ist.

Apropos Verschlucken: Die Sorge, das eigene Kind an einem Karottenstückchen ersticken zu sehen, ist nur natürlich. In Panik muss man deswegen aber nicht verfallen. Tatsache ist, dass sich viele Babys trotz Beikostreife verschlucken, da Kauen und Schlucken überaus komplexe Prozesse sind. Wir haben uns jedenfalls zu unserer eigenen Beruhigung dazu entschlossen, einen Erste-Hilfe-Kurs für Babys zu absolvieren. Gott sei Dank haben wir unser dort erlangtes Wissen noch nie anwenden müssen. Und wir hoffen inständig, dass das so bleibt.

Ganz generell gesprochen gibt es bei blw eine verhältnismäßig überschaubare Anzahl an Regeln, an die man sich halten sollte. Grundsätzlich gilt: kein Salz. Kein Zucker. Kein Honig. Und keine ganzen Nüsse. Kein rohes Fleisch. Kein roher Fisch. Und kein rohes Ei. Wir haben uns darüber hinaus dazu entschlossen, auch Minze auf die Liste jener Nahrungsmittel zu setzen, die wir im ersten Jahr meiden wollen. Einige Studien zeigen, dass die ätherischen Öle Atembeschwerden verursachen können. Was man seinem Kind anbieten möchte oder doch lieber meidet, muss natürlich jeder für sich entscheiden.

Wir sind tendenziell mutig, da bei uns keine Allergien bekannt sind und wir uns auch zu der Gruppe der „Alles-Esser“ zählen.

Das aus Großbritannien stammende Konzept des blw spricht übrigens ausschließlich von stillenden Müttern, denn grundsätzlich geht es ja auch um Beikost und nicht um Vollkost. Wir finden diesen Gedanken wundervoll, aber dennoch war und ist er nie Grundlage unserer Entscheidung gewesen. Wir haben zwar beide bis zu Beginn des Beikoststarts voll gestillt, aber wir finden auch, jede Frau und Mutter soll - nein muss sogar - ihren eigenen Weg finden. Stillend oder eben nicht. Wir möchten an dieser Stelle jede Frau bestärken, ihrem Gefühl zu folgen, sich nicht beirren zu lassen und sich im Zweifelsfall an eine Stillberaterin zu wenden. Die hilft, berät und bestärkt, unserer Erfahrung nach, den eigenen Weg zu gehen. Auch wenn dieser vorsieht, eben nicht zu stillen. Denn auch Flaschenkinder können hervorragend mit breifreier Beikost starten.

## Keine Dogmen. Was beliebt, ist auch erlaubt

Unsere anfängliche Begeisterung für den breifreien Beikostweg ist bis heute ungebrochen, auch wenn uns unsere Kinder den einen oder anderen Strich durch die Rechnung gemacht haben. So wird Juni beispielsweise zwischendurch wahnsinnig gerne gefüttert und liebt Mus in jedweder Zusammensetzung. Wir finden das nicht nur nicht schlimm, sondern sind der Meinung, dass unsere Kinder auch darauf ein Recht haben. Wichtig ist uns dabei auf die Bedürfnisse unseres Kindes zu achten und von Löffel-Spielen wie „einen für den Papa und noch einen für die Oma“ abzusehen. Schließlich wollen wir niemanden „abfüllen“.

Viel Spaß !

# Die Durchstarter

## Womit wir begonnen haben

**Aller Anfang ist ein Wagnis.**
**Auf die Vielfalt kommt es an.**
**Probieren geht über studieren.**

Wie im blw-Grundlagenbuch empfohlen, haben wir mit Fingerfood in Pommesgröße begonnen. Entgegen herkömmlicher Empfehlungen wird bei blw gleich mit einer Auswahl an gedünstetem Gemüse oder Obst begonnen. Alles ist erlaubt, was sich zum Ausprobieren eignet. So beginnen viele mit Broccoli Röschen, da die Kinder den Stiel gut in die Hand nehmen können. Hauptsache, das Baby darf selbst entscheiden, ob und was es zu sich nimmt.

### Tasten. Schmecken. Erleben.

Unsere Kinder haben sich den angebotenen Gemüsesticks neugierig angenähert, sie erkundet, in den Mund gesteckt, geschmeckt und wieder ausgespuckt. Das Konzept Essen zu lernen dauert seine Zeit.

### Geduld ist eine Tugend.

Es ist nicht ungewöhnlich, wenn der Eingewöhnungsprozess etwas dauert. Wir haben unseren Töchtern etwa 4 Wochen gedünstetes Gemüse und Obst angeboten, bevor wir langsam zu gekochten Gerichten übergegangen sind. So konnte jeder sein Tempo finden.

# Hauptgerichte
## (wir verwenden Bio-Produkte)

# Zucchini Nudelpfanne

## Schnelles Mittagsgericht

### Zutaten

1 große Zucchini
1 handvoll frische Petersilie
100 g Hirsenudeln
2 Tl Rapsöl

Mit frischer Petersilie!

Nudeln nach Anleitung kochen. Inzwischen die Zucchini in dickere Scheiben schneiden und in 1 Tl Rapsöl anbraten. Die Petersilie klein hacken und alles mit dem restlichen Öl und den Nudeln mischen.

Die Hirsenudeln haben wir oft
über die angegebene Garzeit gekocht,
Junika konnte sie so anfangs leichter kauen

# Apfelauflauf

## Eine Leckerei aus dem Ofen

### Zutaten (für 3 Personen)

1 Pkg zuckerfreier Zwieback (bspw. Alnatura)
1 Ei
1/8 l Mandelmilch (je nach Backform)
optional 2 El geriebene Mandeln
½ Tl Ceylon-Zimt
Butter für die Form
2 säuerliche Äpfel

Das Ei und die Mandelmilch verquirlen, optional etwas geriebene Mandeln unterrühren. Mit Zimt nach Geschmack würzen. Die Äpfel in feine Ringe schneiden. Die Backform ausfetten und abwechselnd Zwieback und darüber die Äpfel schichten. Die Ei-Milch-Mischung darüber gießen, so dass alles gut bedeckt ist.

Zum Schluss noch mit Zimt bestreuen und bei 180 Grad Celsius etwa 20 Minuten goldbraun backen.

Süß geht
immer!

Hirse ist sehr
mineralstoffreich!

Hirse muss vorher stets gut abgespült werden

# Hirselaibchen

## Eisenlieferant zu Mittag

### Zutaten

100 g Goldhirse
1 Ei
2 Karotten
30 g geriebener Emmentaler (salzarm)
Vollkorn-Dinkel-Brösel
Frische Petersilie und Pfeffer nach Geschmack
Rapsöl für die Pfanne

Hirse für 2 Stunden einweichen und dann gut waschen. Nach Packungsanleitung zubereiten. Die gekochte Hirse mit Ei, geriebenen Karotten, Käse und gehackter Petersilie zu einer griffigen Masse verarbeiten. Wenn die Masse zu weich ist, eventuell Brösel dazu geben.
Masse ein wenig abkühlen lassen. Dann Laibchen formen, diese in den Bröseln wenden und mit etwas Rapsöl auf beiden Seiten goldbraun braten.

Junika liebt dazu Gurken.

Ein tolles Essen für die ganze Familie. Regional und saisonal - der Fantasie sind keine Grenzen gesetzt!

# Ofengemüse

## Schmeckt mit allen Gemüsesorten

### Zutaten

Schnell und einfach!

1 große Zucchini
Kartoffeln, festkochend
Karotten
Knollensellerie
Süßkartoffeln
3 El Rapsöl
getrockneter Thymian

Das Gemüse in Stifte und Scheiben schneiden. Den Ofen auf 200 Grad Celsius vorheizen. Das Gemüse mit Rapsöl beträufeln und Thymian bestreuen. Etwa 30 Minuten im Ofen backen.

Ofengemüse ist bei Junika ein Renner - wenn es mal wieder schnell gehen muss, kommt es auf den Tisch.

# Auberginen
## Überbacken aus dem Ofen

### Zutaten (4 Personen)

1 große Aubergine
5 große Kartoffeln
1 verquirltes Ei
1/8 l Dinkelmilch
Petersilie, klein gehackt
salzarmer Käse
Butter für die Form

Schmeckt auch kalt sehr gut -
oder einfach mit Zucchini

Die Aubergine und die Kartoffeln in dünne Scheiben schneiden. Die Ofenform ausfetten. Jeweils abwechselnd schichten - mit der Ei-Milch-Kräuter-Mischung übergießen, so dass alles gut bedeckt ist. Zum Schluss mit wenig Käse bestreuen.

Bei 180 Grad Celsius Ober-Unterhitze ca. 30 Minuten backen.

Kleine Formen haben Junika geholfen, selbst zuzupacken.

Fleischlaibchen
mal anders!

# Hühnerlaibchen

## Mit Tomatensalat

### Zutaten (2 Personen)

1 Hühnerbrust
1 El salzarmer Emmentaler
1 Ei
1 altbackene Semmel
etwa 1-2 El Dinkelmilch
4 Tomaten
frische Petersilie
Rapsöl für die Pfanne

Die Hühnerbrust in der Küchenmaschine klein häckseln (oder beim Fleischer des Vertrauens faschieren lassen). Die altbackene Semmel in kleine Würfel schneiden und mit der lauwarmen Milch übergießen, dass die Semmel gut getränkt ist. Das Ei, die Milchmischung, die fein gehackte Petersilie und den Käse zum Hühnchen geben und zu einer Masse kneten. Mit feuchten Händen zu Laibchen formen und im Rapsöl bei mittlerer Hitze braten.

Die Tomaten mit kochendem Wasser überbrühen und die Schale abziehen. Dann in kleine Stücke schneiden und dazu servieren.

Kräuter Vielfalt!

# Dinkel-Crêpes

## Mit Topfen und Kresse

### Zutaten

115 g Dinkelvollkornmehl
150 ml Dinkelmilch
20 ml Mineralwasser
1 Ei
Kresse
Topfen
Rapsöl für die Pfanne

Mehl mit Ei, Dinkelmilch und Mineralwasser mit einem Schneebesen zu flüssigem Teig glatt rühren. Kresse unterrühren.

Rapsöl in einer beschichteten Pfanne erhitzen, den Teig dünn eingießen und die Crêpes ausbacken. Mit Topfen bestreichen und mit Kresse bestreut servieren.

Junika liebt aber auch süße Crêpes ohne Kräuter mit Fruchtaufstrich!

Eine Kindheits-
erinnerung!

# Milchreis

## Mit Erdbeeren & Zimt

### Zutaten (2 Personen)

1 Espresso Tasse Risotto-Reis
etwa 3 Espresso Tassen Mandelmilch
Ceylon-Zimt nach Geschmack
1 Tl Rapsöl
Frische Erdbeeren

Den Reis im Rapsöl kurz anschwitzen und immer wieder mit Mandelmich aufgießen, dabei rühren. Reis nach Packungsanweisung gar kochen (Länge variiert nach Hersteller).

Mit Zimt und frischen Erdbeeren servieren.

Junika isst den Reis gerne selbst mit den Fingern. Ab und an mag sie es aber auch, mit dem Löffel gefüttert zu werden.

# Sellerieschnitzel

## Mit Dip & Kräutern

### Zutaten (3 Personen)

1 Knollensellerie
Vollkornpaniermehl
Vollkornmehl
1 Ei (optional Sojamehl, 2 El Wasser + 1 El Sojamehl = 1 Ei)
Dinkelmilch
Rapsöl für die Pfanne
Joghurt und Kräuter

Der Knollensellerie wird geschält und dann in ca. 1 cm dicke, kinderhandgerechte Schnitzel geschnitten. Die Sellerieschnitzel für 3-4 Minuten in Wasser kochen und danach kalt abschrecken. Ei mit Dinkelmilch verquirlen. Die Schnitzel erst in Dinkelvollkornmehl, dann im Ei und dann im Paniermehl dick panieren. Rapsöl ca. 2 cm hoch in der Pfanne erhitzen und die Schnitzel darin goldbraun ausbacken.

Mit einem Klecks Joghurt und Kräutern servieren.

Ein bisschen Aufwand ist dieses Gericht - aber einer, der sich lohnt

Schnitzel
für alle !

# Polenta-Muffins

## Gefüllt mit Sauce Bolognese

### Zutaten (4 Personen)

2 Espresso Tassen Polentagrieß
1 Tl Rapsöl
4 Espresso Tassen Dinkelmilch
etwas Butter
Muskatnuss, Pfeffer, getrockneter Thymian
1/2 kg Rinderfaschiertes
2 El Rapsöl
1 Zwiebel
1 El Tomatenmark
200 ml passierte Tomaten
getrockneter Rosmarin und/oder Thymian

Die Muffins lassen sich auch gut mit etwas salzarmen Käse überbacken

Die Polenta in 1 Tl Rapsöl anbraten und mit der Dinkelmilch ablöschen - Herd runter drehen und nach Packungsanweisung quellen lassen. Mit Butter und Kräutern abschmecken. Noch warm bis zur Hälfte in Muffinförmchen füllen und mit einem Löffel Mulden bilden.

Die Zwiebel anschwitzen und das Faschierte anbraten. Das Tomatenmark kurz mitbraten und die Tomaten zugeben. Die Kräuter nach Geschmack dazu. Auf kleiner Flamme einkochen lassen. Die Sauce in die Muffin-Förmchen geben und bei 180 Grad Celsius etwa 10 Minuten im Ofen backen.

Muffins mal pikant!

Omas
Klassiker!

# Buchteln mit Vanillepudding

## Und fruchtigem Kern

### Zutaten (1 kleine Auflaufform)

250 g Vollkornmehl
1 Ei
½ Pkg Trockengerm
25 ml Kokosöl
1/8 l lauwarme Mandelmilch
Kokosöl für Form
Pudding lt. Rezept Seite 102
Früchte wie Erdbeeren, Bananen, Blaubeeren etc ...

Mehl mit Trockengerm mischen. Dann alle Zutaten zusammenmischen und gut durchkneten. An einem warmen Ort zugedeckt gehen lassen. Während dessen Pudding zubereiten und Früchte waschen und klein schneiden.

Form mit Kokosöl fetten. Teig noch einmal gut durchkneten. Kleine Stücke abschneiden, Kugel formen, platt drücken, mit Vanillepudding und Früchten füllen und schließen. Dann im Kokosöl wenden (sie lösen sich dadurch nach dem Backen besser voneinander) und eng neben einander in die Form geben.

Bei 200 Grad Clesius Ober-/ Unterhitze 35 Minuten auf mittlerer Schiene backen.

Die Buchteln schmecken lauwarm und frisch am besten. Für Erwachsene und ältere Kinder kann selbstverständlich noch mit Staubzucker bestreut werden.

# Gemüsesuppe

## Das Grundrezept

### Zutaten (für einen guten halben Liter Suppe)

1 Bund frisches Suppengemüse
1 kleine Zwiebel
1 Tl Rapsöl
1 Tl Apfelessig oder Limettensaft
1/2 l Wasser
Frische Petersilie

Die Suppe eignet sich pur oder als Würze für Gerichte

Die Zwiebel und das Suppengemüse in kleine Würfel schneiden und im Rapsöl anbraten. Mit Wasser aufgießen und sanft köcheln lassen. Zum Schluss mit Essig oder Limettensaft abschmecken. Frische Petersilie klein schneiden und darüber streuen.

Junika mag die Suppe pur nicht so gerne, weil sie meist nicht gerne gefüttert wird. Mit Frittaten oder als Würze kommt sie jedoch immer gut an. Die Frittaten lassen wir einfach in der Suppe, bis sie schön würzig schmecken. Danach bekommt Junika sie zum selbst essen - zugegeben, eine Patzerei, aber eine mit viel Spaß!

Die Suppe kann man auch leicht in Eiswürfelformen einfrieren, so hat man immer die passende Menge zum Würzen bei der Hand.

Auch mit
frittaten ein Hit

Auch ohne
Tomaten top!

# Tomatenrisotto

## Mit frischem Basilikum

### Zutaten (2 Personen)

1 Espresso Tasse Risotto-Reis
etwa 1/4 l Gemüsesuppe (siehe Seite 42)
1 kleine Zwiebel
1 El Rapsöl
100 ml passierte Tomaten
Frisches Basilikum
1 El Butter
Optional 1 El geriebener Emmentaler

Die Zwiebel fein schneiden und mit dem Reis in Rapsöl anbraten. Immer wieder mit Suppe aufgießen und nach Packungsanweisung garen. Zum Schluss mit den Tomaten, der Butter und dem frischen Basilikum abschmecken. Den Käse unterrühren.

Lauwarm servieren.

Junika liebt Reisgerichte und obwohl sie eine gute Hand-Augenkoordination erfordern, übt sie diese geduldig, um sich immer wieder mit Happen erfolgreich zu belohnen.

# Semmelauflauf

## Mit Tomaten & Zucchini

### Zutaten (2 Personen)

3 altbackene Semmeln
1 Ei
Etwas Dinkelmilch
Frischer Schnittlauch
1 Zucchini
ein paar Cocktailtomaten
geriebener Käse (salzarm)
Butter zum Einfetten der Form

Die Semmeln in Würfel schneiden und mit dem Milch-Ei-Gemisch übergießen bis eine patzige Konsistenz erreicht ist. Eine Form fetten und die Masse auf dem Boden festdrücken. Die Zucchini in dünne Scheiben schneiden und darüber legen. Wieder eine Schicht Semmelmasse schichten. Dann die Tomaten in Scheiben schichten. Mit der Semmelmasse abschließen - mit Käse bestreuen und etwa 20 Minuten bei 180 Grad Celsius im Ofen backen.

Wir blanchieren die Tomaten, damit die Schale nicht am Gaumen klebt

Lässt sich gut aufwärmen!

# Ravioli

## Mit Kräuter-Topfenfülle

### Zutaten Nudelteig (etwa 15 Stück)

50 g Weizenmehl (doppelgriffig)
1 Ei und ein Eidotter
1 Tl Rapsöl

Die topfige Fülle der Ravioli eignet sich auch als Aufstrich

### Zutaten für die Fülle

1 mittlere Karotte
1 ebenso großes Stück Knollensellerie
80 g Topfen
1 Hand voll geriebener, salzarmer Käse
Petersilie, Fenchelkraut, Rosmarin

Für den Nudelteig die Zutaten zu einem glatten Teig kneten bis er glänzt. Dann etwas rasten lassen.

Für die Fülle Karotte und Knollensellerie schälen und mit Kräutern in der Küchenmaschine klein hacken lassen. Topfen und Käse darunter rühren. (Schmeckt hervorragend, Junika hat das auch gleich als Aufstrich genascht). Den Nudelteig in die gewünschte Stärke bringen und mit einem Esslöffel des Gemüsetopfens füllen. Dann zusammenlegen und den Rand gut verkleben. Wer eine besitzt, kann natürlich auch eine Maultaschenform benutzen. Die Ravioli 4 Minuten im köchelnden Wasser gar werden lassen, in wenig Butter schwenken und den kleinen Gourmets servieren.

# Mini Kräuterknödel

## Mit frischer Kresse

### Zutaten (2 Personen)

ca. 200 g festkochende Kartoffeln
2 Tl Topfen
4 Tl Dinkelvollkornmehl (je nach Gefühl)
1 Tl geriebener salzarmer Käse (optional)
Frische Kresse
Butter

Statt Kresse lassen sich auch andere frische Kräuter verwenden

Kartoffeln schälen und kochen. Mit der Kartoffelpresse oder dem Stampfer zerdrücken. Ausdampfen lassen. Dann Topfen, Mehl und klein geschnittene Kräuter dazu. Gut verkneten, sodass ein fester Teig entsteht.

Kleine Knödel formen und im siedenden Wasser ca. 5 Min kochen. In einer Pfanne währenddessen Butter schmelzen. Die Knödel aus dem Wasser nehmen und in der Butter schwenken bis sie leicht gebräunt sind.

Mit frischer Kresse bestreut servieren.

Junika liebt dazu auch Früchtemus.
Vor allem das Eintauchen des Schmarrns
in das Mus bereitet ihr eine Riesenfreude

# Grießchmarrn

## Mit Honigmelone

### Zutaten

300 ml Mandelmilch
25 g Butter
100 g Dinkelgrieß
1 Vanilleschote
1 handvoll Rosinen, gehackt
Ceylon-Zimt
1/2 Honigmelone

Milch, Butter und das Mark der Vanilleschote langsam erhitzen, Grieß zugeben und unter ständigem Rühren gut aufkochen lassen. Gehackte Rosinen unterrühren. Die Masse wird sehr dick.

In einer Pfanne Butter erhitzen und die Grießmasse gleichmäßig verstreichen. Nun anbrutzeln lassen und immer wieder mit einer Gabel zerreißen und wenden.

Wenn der Schmarrn die gewünschte Bräune hat und schön krümelig ist, wird er mit Zimt bestreut und mit frischen Früchten oder Apfelmus serviert.

# Buchweizen-Linsen Eintopf

## Mit Rosmarin

### Zutaten (3 Personen)

70 g Buchweizen
100 g Linsen (zB Berglinsen)
1 kleine Zwiebel
1 halbe Zuchini
2 kleine Karotten
1 kleines Stück Knollensellerie
2 Knoblauchzehen
2 Rosmarinzweige, 1 Tl Fenchelsamen, ½ Tl Kardamom gemahlen
1 Tl Kokosöl

Wenn der Linseneintopf etwas eingekocht ist, kann Junika ihn selbst mit der Hand essen. Sonst zum Löffel greifen

Buchweizen gut waschen. Wasser zum Kochen bringen. Buchweizen 1 Minute lang sprudelnd aufkochen lassen. Dann Hitze reduzieren und ca. 15 Minuten siedend garen lassen. Wenn der Buchweizen weich ist, abseihen.

Während der Buchweizen kocht, Gemüse waschen, schälen und in kleine Würfel bzw. Zucchini in Scheiben schneiden. Zwiebel fein schneiden und in einem Topf im Kokosöl glasig braten, Gemüse und Gewürze dazu geben. Buchweizen und ca. 250 ml Wasser hinzufügen (der Inhalt sollte knapp mit Wasser bedeckt sein). Einmal aufkochen lassen, danach zugedeckt für ca. 40 Minuten leicht köcheln lassen, bis die Linsen weich sind.

Panierung ganz
ohne Ei!

# Fischstäbchen

## Mit Mango-Kokospanierung

### Zutaten

Fischfilet entgrätet nach Wahl
Kokosmehl
Kokosraspel
Vollkornpaniermehl
½ Mango
1 Orange
Kokosöl

Da kein Ei verwendet wird, hält die Panierung nicht bombenfest. Junika macht sich daraus einen Spaß und isst sie separat

Fischfilet in der Küchenmaschine zerkleinern.
Die halbe Mango mit dem Saft einer Orange pürieren und in einen Teller geben. Einen weiteren Teller mit Kokosmehl und einen anderen mit einem Gemisch aus Kokosraspeln und dem Paniermehl vorbereiten.

Eine kleine Menge des Fischfilets nehmen, zusammen pressen und formen. Im Kokosmehl wälzen und dabei gut fest drücken. Dann durch das Mangopüree und zuletzt im Kokosraspel-Paniermehl-Gemisch wälzen. Die Panierung gut festdrücken. Danach werden die Fischfilets in Kokosöl langsam gebraten. Kokosraspeln werden sehr schnell dunkel. Wir legen sie dann gerne zum warm halten auf einen Teller mit Küchenrolle und schieben sie ins Backrohr, bei etwa 80-100 Grad Celsius.

# Maispuffer

## Mit Vollkornmehl und Joghurt

### Zutaten (2 Personen)

1 Dose oder ein Glas Zuckermais (Achtung auf den Salzgehalt)
etwa 3 El Dinkelmehl
1 El Maisgrieß
1 Ei
1 Tl Weinstein-Backpulver
Rapsöl zum Braten
Petersilie
Joghurt

Den Mais, das Ei und das Mehl pürieren - den Grieß dazu rühren bis der Teig eine formbare Konsistenz bekommt. Zum Schluss die frischen Kräuter hacken und unterrühren. Rapsöl in einer Pfanne erhitzen, aus dem Teig kleine Laibchen formen und goldbraun braten.

Mit einem Klecks Joghurt servieren.

# Schupfnudeln

## Mit frischem Schnittlauch und Butter

### Zutaten (2 Personen)

Die süße Variante mit Apfelmus wird von Junika besonders gerne gegessen. So wie vom Rest der Familie auch

350 g mehlige Kartoffeln
1 Ei
60 g Dinkelvollkornmehl
Butter
Schnittlauch oder 2 Äpfel und Ceylon-Zimt

Kartoffeln ca. 25 Minuten kochen, abgießen und auskühlen lassen. Dann schälen und durch eine Kartoffelpresse drücken oder mit dem Kartoffelstampfer klein stampfen. Mit Mehl und Ei gut vermischen und etwas ruhen lassen. Sollte der Teig zu weich sein, einfach noch Mehl hinzufügen. Den Teig auf einer bemehlten Arbeitsfläche zu einer ca. 5 cm dicken Rolle formen. In ca. 2 cm breiten Scheiben schneiden. Fingerförmige lange Nudeln formen.

In einem Kochtopf Wasser kochen und die Nudeln dann im siedenden Wasser garen lassen bis sie nach oben steigen (dauert ca. 5-7 Minuten). Danach abschrecken und abtropfen lassen.

Nun werden die Nudeln in einer Pfanne mit Butter gebraten, bis sie die gewünschte Bräune haben.

Die Schupfnudeln kann man mit Schnittlauch bestreut genießen. Wer die süße Variante bevorzugt, würzt die Nudeln mit Zimt und bereitet aus den Äpfeln Mus.

Blanchierte Tomaten und frisches Basilikum geben dem Rezept einen frischen Kick. Auch Thymian eignet sich gut

# Topfen-Basilikum Knöderl

## Mit Garnelen

### Zutaten (7 kleine Knöderl)

100 g Topfen
10 g Butter
1 Ei
25 g Brot- oder Semmelwürfel
1 Tl Semmelbrösel
Basilikum

Garnelen
Etwas Rapsöl zum Braten

Butter im Topf flüssig werden lassen und mit Topfen vermischen. Das Ei, die Brösel und die Semmelwürfel dazumischen. Zum Schluss das Basilikum waschen, klein schneiden und dazu rühren. Die Masse gut durchmischen - am besten mit den Händen.

Zugedeckt mindestens eine halbe Stunde im Kühlschrank ruhen lassen. Kleine Knödel formen und etwa 12 Minuten im siedenden Wasser gar werden lassen. Die fertigen Knödel auskühlen lassen und in Scheiben schneiden - in einer Pfanne rösten.

Die Garnelen in Rapsöl braten und dazu servieren.

# Zucchini Schiffchen

## Mit Hühnchenfülle

### Zutaten (8 Schiffchen)

4 große Zucchini
500 g Hühnchen (bspw. Brust)
1 Tl Rapsöl
1 Ei
60 g Joghurt
Etwas salzarmer Käse zum Bestreuen
Frische Kräuter wie bspw. Petersilie und/oder Sprossen

Die Zucchini waschen und in der Hälfte teilen. Mit einem Löffel das Innere aushöhlen und in einer Schüssel beiseite stellen. Das Hühnchen in einer Küchenmaschine klein häckseln und im Öl kurz anbraten. Mit Joghurt und dem Inneren der Zucchini mischen. Das Ei dazu und nach Geschmack etwas geriebenen Käse untermischen.

Den Ofen auf 180 Grad Celsius Umluft vorheizen. Die ausgehöhlten Zucchinihälften mit der Hühnchenmasse füllen und mit etwas Käse bestreuen. Im Rohr etwa 20 Minuten goldbraun backen. Die Kräuter und Sprossen klein hacken und damit bestreuen.

Für die Großen in der Familie können die Schiffchen auch mit Parmesan oder einem anderen kräftigen Käse überbacken werden.

Ein tolles Essen für die ganze Familie. Mit frischen Sprossen und Kräutern auch für die Grossen ein Erlebnis

Kokos und Birne sind ein
ganz wunderbares Gespann -
ein Gericht mit exotischem Touch

# Kokosnockerl

## Mit Birnen-Zimtmus

### Zutaten (7 kleine Knöderl)

100 g Topfen
10 g Butter
1 Ei
1 El Kokosmehl
2 El Semmelbrösel
1 El Kokosraspeln
Kokosraspeln zum Wälzen
1 Birne, etwas Ceylon-Zimt

Butter im Topf flüssig werden lassen und mit Topfen vermischen. Das Ei, die Semmelbrösel, das Kokosmehl und die Raspeln dazumischen. Die Masse gut durchmischen - am besten die Hände dazu benutzen.

Zugedeckt mindestens eine halbe Stunde im Kühlschrank ruhen lassen. Kleine Knödel formen und etwa 12 Minuten im siedenden Wasser gar werden lassen. Die fertigen Knödel auskühlen lassen und in Kokosraspeln wälzen. Die Birne dünsten und mit dem Pürierstab zu Mus verarbeiten. Mit Zimt verfeinern.

# Faschierte Bällchen

## In Tomatensauce

## Zutaten (4 Personen)

500 g Faschiertes vom Rind
1 Ei
Semmelwürfel oder Toastbrot
Petersilie oder andere frische Kräuter
Semmelbrösel
Rapsöl für die Pfanne
1 kleine Zwiebel
400 g Tomatenpolpa (auf Salzgehalt achten)

Alle Zutaten miteinander vermischen bis die Masse sich gut zu kleinen Bällchen formen lässt. Die Bällchen in Semmelbröseln rollen und in Rapsöl braten. Unbedingt kontrollieren ob das Fleisch gut durchgebraten ist.

Für die Sauce eine kleine Zwiebel ganz fein hacken und in Rapsöl goldig anschwitzen, dann die Tomatenpolpa dazu und je nach Geschmack Kräuter hinzufügen.
Gemeinsam servieren!

Junika liebt das Gericht. Man muss sich aber auf eine riesige Sauerei einstellen - die Sauce klebt einfach an allem

Mit Joghurt
ein Hit!

# Falaffel

## Mit Joghurt-Dip

### Zutaten (4 Personen)

3 Süsskartoffeln
265 g Kichererbsen (aus dem Glas)
2 Eier
Semmelbrösel
1 kleine Zwiebel
Petersilie
Rapsöl für die Pfanne
Joghurt für den Dip

Süsskartoffeln kochen, schälen und in Stücke schneiden. Zwiebel schneiden und dazu. Kichererbsen abseihen und gemeinsam mit der gewaschenen gezupften Petersilie zu den Süsskartoffeln geben. Alles zusammen mit dem Pürierstab fein pürieren.

Danach kommen die Eier und die Semmelbrösel dazu, so dass die Masse zu einem gut formbaren Teig wird. Laibchen formen und in Rapsöl goldbraun braten.

Für die Großen servieren wir es gerne mit Salat und Knoblauchsauce.

# Vollkorn-Pizza

## Mit Paradeisern und Zucchini

### Zutaten (5 kleine Pizze)

250 g Vollkornmehl (bspw Dinkel oder Roggen)
1/2 Pkg Trockengerm
125 ml lauwarmes Wasser
1 El Rapsöl
Tomaten aus der Dose (Vorsicht auf Salzgehalt!)
1 kleine Zucchini
Salzarmer Käse
Thymian und Oregano nach Geschmack

Mit Vollkornmehl und frischem Gemüse wird die Pizza zu einem gesunden und leckeren Gericht für alle

Den Ofen auf 220 Grad Celsius vorheizen. Das Mehl, die Germ, das Wasser und das Rapsöl zu einem Teig verarbeiten - am schnellsten geht das in der Küchenmaschine. In 5 Teiglinge aufteilen und flach drücken. Mit Paradeisern und geriebenen Zucchini belegen. Nach belieben mit Kräutern würzen. Zum Schluss Käse darüber.

Im Ofen auf der untersten Schiene knusprig backen. Dauert je nach Ofen und Größe etwa 15 Minuten.

Limo

# Zwischendurch & Unterwegs
(wir verwenden Bio-Produkte)

Eine gute
Abwechslung!

# Kakaogebäck

## Mit Rosinen

### Zutaten

60 g glattes Dinkelmehl
25 g geriebene Haselnüsse
1 El Kakao
40 g Butter
40 g reife Banane
Rosinen

Alle Zutaten – ausgenommen den Rosinen – in der Küchenmaschine rasch zu einem glatten Mürbteig verarbeiten. In Klarsichtfolie packen und mindestens 1 Stunde im Kühlschrank ruhen lassen.

Für die Verarbeitung etwa 5 mm ausrollen und Kekse ausstechen. Rosinen klein hacken und in die Kekse drücken. Bei 180 Grad Celsius Ober-/Unterhitze für ca. 10-12 Minuten backen. Gut auskühlen lassen.

Die Kekse sind sehr praktisch als kleine Snacks für zwischendurch. Junika mag auch die Variation mit Buchweizenmehl.

Die Zipfel lassen sich gut einfrieren
und bei Bedarf schnell auftauen

# Topfenzipfel

## Mit Fruchtfülle

### Zutaten (1 Blech)

250 g Topfen
250 g Dinkelmehl
1 Banane
Erdbeeren oder andere Früchte zum Füllen

Banane zerdrücken und mit dem Topfen und dem Mehl mischen. In Klarsichtfolie hüllen und kalt stellen.

Nach einer Stunde Kühlung etwa 5 mm auswalken und Dreiecke ausschneiden. Die Früchte klein schneiden und als Füllung drappieren. Jeweils zwei Dreiecke übereinander legen und am Rand festdrücken. Ofen auf 180 Grad vorheizen und die Zipfel etwa 25 Minuten goldbraun backen.

Junika liebt besonders eine reichhaltigere Variation: Einfach 250g kalte Butterstücke in den Teig dazumischen. Die Zipfel lassen sich so allerdings vom Rest der Familie kaum retten.

Reste der Bananaen
eignen sich als Fingerfood

# Bananenmuffins

## Als Snack aus dem Ofen

### Zutaten (12 Muffins)

80 g Buchweizenvollmehl
40 g Kokosmehl
1,5 Tl Weinstein-Backpulver
½ Tl Bio Ceylon Zimt
4 El Butter
4 große überreife Bananen
2 Eier
Chia-Samen (optional)
Butter für die Form

Toll auch für Partys!

Mehl, Backpulver und Zimt vermischen. Butter schmelzen. In einer anderen Schüssel Bananen zerdrücken, das geht gut mit einer Gabel. Flüssige Butter und Eier dazu. Mehlmischung mit Bananenmischung vermengen, optional Chia Samen dazugeben und in die gefettete Muffinform geben.

Bei 190 Grad Celsius Ober-Unterhitze ca. 10-15 Minuten backen. Einfach mit Stäbchen testen, wann sie durchgebacken sind.

# Blaubeerkügelchen

## Als Snack aus dem Kühlschrank

### Zutaten (ca. 20 Kügelchen)

Eine kleine Nascherei am Nachmittag freut nicht nur die Kleinen

1 halbe oder kleine Banane
10 Blaubeeren
Feinblättrige Haferflocken

Die Blaubeeren waschen und klein schneiden. Die Banane schälen und mit einer Gabel zerdrücken. Dann die Blaubeeren untermischen und ebenfalls zerdrücken bis eine gleichmäßige Masse entsteht. Nun gibt man die Haferflocken nach und nach dazu, bis man die Masse gut formen kann. Mundgerechte Bällchen formen und fertig!

Hält sich im Kühlschrank 2-3 Tage.

Junika konnte so gut den Pinzettengriff üben. Bei wem es damit noch nicht so gut klappt, funktioniert es auch mit der Faust.

Süß geht
immer!

# Blaubeerkuchen

## Schnell gemacht und zum Mitnehmen

### Zutaten (6 Mini Guglhupfe)

Schmeckt auch mit Himbeeren

3 El Dinkelvollkornmehl
½ Tl Weinstein-Backpulver
Dinkel-, Hafer- oder Mandelmilch
Rapsöl
½ Ei
10 Blaubeeren
Chia-Samen (optional)

Das Dinkelvollkornmehl in einer Schüssel mit dem Backpulver vermischen. Blaubeeren vierteln und mit dem halben Ei (wir haben das Ei verquirlt und dann die Hälfte davon benutzt, der Rest kam abends in den Auflauf) darunter rühren. Nun nach Gefühl halb Rapsöl, halb Milch untermischen bis ein weicher, nicht zu flüssiger Teig entsteht.

Die Mini-Gugelhupf-Form mit etwas Rapsöl einölen und den Teig einfüllen. Bei uns hat es für 6 Stück gut gereicht, das hängt aber sicher von der Form ab. Im vorgeheizten Backrohr bei 180 Grad Celsius Ober-Unterhitze für ca. 12 Minuten backen.

# Dinkelstangerl

## Mit Bananen & Chia-Samen

### Zutaten (1 Blech)

250 g Dinkelmehl
1 Banane
2 Karotten
1 Tl Chia-Samen
60 ml Rapsöl

Ein Stangerl, das mit Käse oder Salami auch den Großen schmeckt

Karotten fein raspeln und die Banane zerdrücken. Alle Zutaten zusammen mischen und ca. 30-35 Baby-Handgerechte Stangen formen.

Bei 200 Grad Celsius ca. 30 min backen.

Junika lutscht gerne an den frischen Stangerl. Da sie frisch am besten schmecken, frieren wir sie ein und tauen bei Bedarf auf.

Ein herrlicher
Brotersatz !

# Müslisticks

## Mit vielen Variationsmöglichkeiten

### Zutaten

3 El Haferflocken oder Hirseflocken
3 El Dinkel-, Mandel- oder Hafermilch oder frisch gepressten Orangensaft
Chia-Samen (optional)
1 getrocknete Feige (optional)

Die Flocken mit der Flüssigkeit vermengen bis eine zähe Masse entsteht. Optional kann man Chia Samen und eine klein geschnittene getrocknete Feige dazu geben. Die Masse auf ein mit Backpapier ausgelegtes Blech legen und bei 160 Grad Celsius Ober-Unterhitze ca. 15 – 20 Minuten backen. Nach etwa der Hälfte der Backzeit wenden, damit beide Seiten gut trocknen.

Auskühlen lassen und in Streifen schneiden, die kleine Babyhände gut halten können.

Knabberei zwischendurch

# Brioche mit Chia-Marmelade

## Ein Sonntagsfrühstück

### Zutaten (6 mittlere Brioche)

250 g Weizen- bzw Dinkelmehl (wir nehmen oft Hälfte/Hälfte)
1/2 Sackerl Trockengerm
1 vollfreife Banane
1 Ei & 1 Eidotter
Mark einer Vanilleschote
125 ml Mandelmilch

### Am Vortag für die Marmelade (1 kleines Weckglas)

125 g frisches Obst (bspw. Erdbeeren, Marillen etc.)
7 g Chia-Samen

Für das Brioche die trockenen Zutaten vermengen, nach und nach die nassen zufügen. Zu einem Germteig verarbeiten (Achtung, er ist sehr feucht). Auf das Doppelte aufgehen lassen. Wieder zusammen schlagen und in Formen füllen. Zugedeckt nochmals 30 Minuten gehen lassen. Bei 160 Grad Celsius etwa 30 Minuten backen.

Für die Marmelade am Vortag das Obst und die Chia Samen pürieren - in Gläser füllen und über Nacht im Kühlschrank aufbewahren. Genießen!

Ohne Marmelade
auch für
unterwegs!

Am besten frisch genießen -
Junika liebt es einfach mit Butter,
oder auch mit Mandelmus oder Chia-Marmelade

# Vollkornbrot

## Mit Gewürzen

### Zutaten (1 kleiner Brotlaib)

250 g Roggenmehl
1/2 Pkg Trockengerm
gemahlene Gewürze nach Geschmack (zB Anis, Fenchelsamen, Koriandersamen und Kümmel)
1/8 l lauwarmes Wasser
1 Tl Rapsöl
Butter zum Einfetten der Form

Trockene Zutaten vermengen und nach und nach das lauwarme Wasser zugeben. Alles zu einem festen Germteig kneten - am besten geht das mit einer Küchenmaschine. Zugedeckt an einem warmen Ort mindestens 30 Minuten gehen lassen.

Nochmals fest durchkneten. Eine Form mit Butter ausfetten und den Teig hineingeben. Den Ofen auf 220 Grad Celsius Ober-Unterhitze vorheizen. Den Teig erneut zugedeckt etwa 30 Minuten gehen lassen. Dann auf mittlerer Schiene etwa 45 Minuten backen. Das Brot ist fertig, wenn es auf der Rückseite beim Draufklopfen hohl klingt.

# Festliche Anlässe & Desserts

(wir verwenden Bio-Produkte)

# Butterkekse

## Feste feiern, wie sie fallen

### Zutaten (1 Blech)

125 g Dinkelmehl (glatt)
50 g Banane
75 g Butter
geriebene Orangenschale

Die kalte Butter in kleine Stücke schneiden und aus den Zutaten rasch einen Mürbteig kneten. In Klarsichtfolie etwa eine Stunde im Kühlschrank kalt stellen.

Etwa 5 mm auswalken, Formen nach belieben ausstechen und auf ein mit Backpapier ausgelegtes Backblech legen. Im vorgeheizten Ofen bei 150 Grad Celsius ca. 10 Minuten goldbraun ausbacken.

Junika liebt diese Kekse und kann sie gut in die Hand nehmen.

So macht
Ostern Spaß!

# Kokos-Apfel-Tartelette

## Ein besonderes Dessert

Zuckerfrei und doch zuckersüß -
Ein besonderes Dessert für alle

### Zutaten

3 Äpfel
2-3 gehäufte El Kokosmehl
1 große, reife Banane
2 Tl Sojamehl (damit wird der Teig besser gebunden)
Ceylon-Zimt

2 der Äpfel schälen und entkernen und in Stücke schneiden. Im Dünsteinsatz weich dünsten und zu Apfelmus passieren. Mit Zimt je nach Geschmack würzen.
Das Kokosmehl mit dem Sojamehl mischen, 6 Tl Wasser und zerdrückte Banane dazu und zu glattem Teig verarbeiten. Das funktioniert auch gut in der Küchenmaschine.

Den dritten Apfel schälen, entkernen und in dünne Fächerstücke schneiden. Den Teig in kleine Tarteletteformen drücken, mit den Apfelstücken eng belegen und darüber das Apfelmus verstreichen. Wer mag, kann kleine Formen aus einer Apfelscheibe stechen und diese als Verzierung oben drauf legen. Bei 180 Grad Celsius Ober-Unterhitze auf mittlerer Schiene ca. 35 Minuten backen. Die Backzeit hängt stark von Herd, Dicke des Bodens und der Äpfel ab. Darum immer wieder kontrollieren.
Nach dem Backen abkühlen lassen und aus der Form stürzen.

Gäste von Junika konnten gar nicht glauben, dass dieser Kuchen ohne Zucker gebacken wurde!

Süß
dekoriert!

# Grießflammerie

## Mit Zimt und Vanille

### Zutaten (6 Espresso Tassen)

300 ml Mandelmilch
10 g Butter
35 g Dinkelgrieß
½ Vanilleschote
Erdbeeren

Mandelmilch mit Butter und dem Mark der Vanilleschote unter ständigem Rühren erwärmen und den Grieß langsam zufügen. Aufkochen lassen, dabei rühren nicht vergessen.

Die dicke Masse in mit kaltem Wasser ausgespülte Formen gießen und abkühlen lassen.

Stürzen, mit Zimt bestreuen und frischen Früchten servieren. Für die Großen gibt es extra Zucker zum Bestreuen.

Hübsch angerichtet macht sich das Dessert gut bei Familienfesten

Ein Dessert für Sonntage!

# Schoko-Pudding

## Mit Bananen und Birnenmus

### Zutaten

250 ml Mandelmilch
20 g Maisstärke
2 El Kakao oder 2 Vanilleschoten
1 Tl Kokosöl oder Butter
1 überreife Banane
Etwas Birnenmus

Mit Vanille statt Kakao lässt sich schnell ein Vanillepudding zaubern

Die Hälfte der Mandelmilch mit der Maisstärke glatt rühren. Die andere Hälfte mit dem Kakao oder dem Vanillemark (wir geben gerne auch die ausgekratzten Schoten noch dazu – vor einrühren der Stärke müssen die aber raus) in einem Topf erhitzen. Unter ständigem Rühren mit einem Schneebesen wird nun die Milch mit der Maisstärke eingerührt. Ganz kurz aufkochen lassen, dann vom Herd nehmen und noch ein wenig rühren, damit nichts anbrennt.

Kleine Bananenstücke unterrühren. Den Pudding in kleine, mit kaltem Wasser ausgespülte, Förmchen füllen (oder als Füllung für Kuchen verwenden), mit einer Frischhaltefolie abdecken und im Kühlschrank erkalten lassen. Stürzen und mit Birnenmus servieren.

Mit der Süße
von Bananen

Ein ganzes Jahr ist vorrüber -
noch nie ist die Zeit so verflogen wie
mit Dir. Schön, dass Du auf der Welt bist!

# Allererste Geburtstagstorte

## Mit Liebe und Wehmut

### Zutaten Erdbeer-Kokoscreme Torte

1 Stück Biskuitboden (3 werden benötigt)
3 Eier
50 g Weizenmehl
25 g Dinkelkuchenmehl
25 g Kokosmehl
1 Msp Natron, 1 Tl Weinstein-Backpulver
2 El lauwarmes Wasser
30 g Birkengold, Mark einer ½ Vanilleschote

Erdbeergelee
650 g Erdbeeren
1 Pkg Agartine

Kokoscremefüllung
2 Dosen Kokosmilch (gekühlt)
1 Pkg Agartine
2 El Kokosraspeln
1 Tl Birkengold
rote Lebensmittelfarbe (optional)

Optional können die Biskuitböden mit Chia Marmelade bestrichen werden, dann bleiben sie schön saftig und weich!

Kokoscremeüberzug
wie Kokoscremefüllung (ohne Agartine!)
4 El Kokosflocken, einige schöne Erdbeeren

Für den Biskuit Eier, Wasser, Birkengold, Vanillemark in der Küchenmaschine oder mit Mixer schaumig schlagen. Die Mehlsorten mit Natron und Backpulver gut vermischen. Langsam unter die Eiermasse sieben, in die ausgefettete, bemehlte Tortenform gießen und bei 180 Grad Celsius ca. 15 Min backen. 3 Böden backen, auskühlen lassen.

Für Kokoscremefüllung das abgesetzte feste Fett der Kokosmilch abschöpfen, Kokosraspeln und Birkengold dazu geben und zu einer cremigen Schlagsahne mixen. Mit Lebensmittelfarbe färben. Dann etwas von der Schlagsahne und etwas vom flüssigen Kokoswasser (ca. 100 ml) verrühren und mit Agartine laut Packung gelieren und untergerührt. Bis zur Verwendung im Kühlschrank aufbewahren.

Für das Erdbeergelee, die Erdbeeren passieren und mit Agartine laut Packung für kalte Massen gelieren. Dann den ersten Boden dünn mit Erdbeergelee und dann mit Kokoscremefüllung bestreichen. So weiter verfahren und mit Erdbeergelee am obersten Boden enden. Für den Überzug wieder die Kokosmilch mit Birkengold zu einer Schlagsahne mixen. Optional mit Lebensmittelfarbe färben. Mit Kokosflocken und Erdbeeren garnieren. Mindestens 3 Stunden kalt stellen.

# Inhaltsverzeichnis


Apfelauflauf, Seite 22
Auberginen gebacken aus dem Ofen, Seite 28
Bananenmuffins, Seite 81
Blaubeerkuchen, Seite 85
Blaubeerkügelchen, Seite 82
Brioche mit Chia-Marmelade, Seite 90
Buchteln mit Vanillepudding, Seite 41
Butterkekse, Seite 96
Buchweizen-Linseneintopf, Seite 54
Dinkel-Crepes, Seite 33
Dinkelstangerl, Seite 86
Erdbeer-Kokoscreme Torte, Seite 104
Falaffel, Seite 71
Faschierte Bällchen in Tomatensauce, Seite 68
Fischstäbchen, Seite 57
Gemüsesuppe, Seite 42
Grießflammerie, Seite 100
Grießschmarrn, Seite 53
Hirselaibchen, Seite 25
Hühnerlaibchen mit Tomaten, Seite 31
Kakaogebäck, Seite 77
Kokos-Apfel Tartelettes, Seite 98
Kokosnockerl, Seite 67
Maispuffer, Seite 58
Milchreis mit Erdbeeren, Seite 35
Mini Kräuterknöderl, Seite 50
Müslisticks, Seite 88
Nudeln mit Zucchini, Seite 21
Ofengemüse, Seite 27
Polenta-Muffins gefüllt mit Sauce Bolognese, Seite 38
Schokopudding, Seite 102
Tomaten-Risotto, Seite 45
Topfen-Basilikum Knöderl mit Garnele, Seite 63
Topfenzipfel, Seite 79
Ravioli mit Kräutertopfenfülle, Seite 48
Sellerieschnitzel, Seite 36
Semmelauflauf, Seite 46
Schupfnudeln, Seite 60
Vollkornbrot, Seite 93
Vollkorn-Pizza mit Zucchini-Tomatenbelag, Seite 73